글 장세현

성균관대학교 국문학과를 졸업했습니다. 그림에 관심이 많아 '호일 은지화'라는 독창적인 미술 기법을 개발하고, 『한눈에 반한 미술관』 시리즈, 『우리 화가 우리 그림』 등을 썼습니다. 이 밖에도 다양한 분야의 글을 썼으며 『돈의 역사가 궁금해!』를 대표 집필했습니다. 쓰고 그린 책으로는 『호랑이를 죽이는 방법』, 『이상한 붕어빵 아저씨』 등이 있습니다.

그림 차차

어린이에게 예쁜 꿈과 희망을 심어 주는 귀엽고 사랑스러운 그림을 그립니다. 그림을 통해 아이들이 책과 더 가까워지길 바라며, 이야기책부터 도감까지 다양한 작업에 참여하고 있습니다. 그린 책으로는 『흔한남매 별난 방탈출』, 『무엇이든 해결단 허팝 연구소』, 『로마가족의 유럽살이』 등이 있습니다.

감수 홍기훈

케임브리지대학교에서 경제학 박사 학위를 받은 뒤 지금은 홍익대학교 경영대학 재무전공 교수, 메타버스금융랩 소장으로 일하고 있으며 현업 및 정책에서 다양한 자문 활동을 하고 있습니다. 쓴 책으로는 『위대한 경제학 고전 30권을 1권으로 읽는 책』, 『NFT 미래수업 디지털 경제 생태계가 만들어갈 새로운 기회』가 있습니다.

기획 자문 김대식

독일 막스플랑크 뇌 연구소에서 석박사 학위를 받은 뒤 미국 매사추세츠공과대학(MIT)에서 박사 후 과정을 보냈습니다. 지금은 한국과학기술원(KAIST) 전기 및 전자공학부 교수로 일하고 있습니다. 쓴 책으로는 『메타버스 사피엔스』, 『당신의 뇌, 미래의 뇌』, 『그들은 어떻게 세상의 중심이 되었는가』, 『인간을 읽어 내는 과학』 등이 있습니다.

『생각의 탄생』 시리즈 **생각의 탄생**은 여기저기 흩어져 있는 문명 탄생의 순간들을 주제별로 한데 모아 인류가 어떤 생각들을 떠올리며 발전해 왔는지를 재미있고 알기 쉽게 들려주는 어린이 교양 백과입니다.

『화폐와 경제』

인류는 언제 화폐를 처음 만들어 어떻게 발전시켰을까요? 이 책은 물물 교환을 하던 인류가 화폐를 만들고, 화폐를 널리 사용하게 된 과정을 담고 있습니다. 물물 교환을 하던 시기부터 지금까지 더 편리하게 거래를 하기 위한 노력과 생각을 따라가다 보면, 앞으로 화폐가 어떤 모습으로 우리 눈앞에 나타날지 상상할 수 있을 거예요.

생각이 번쩍, 미래가 반짝!

생각의 탄생

③ 화폐와 경제

글 장세현 그림 차차 감수 홍기훈(홍익대 교수)
기획 자문 김대식(KAIST 교수)

〈생각의 탄생〉을 시작하며…

인간의 뇌는 태어난 후 약 12년 동안 여러 경험을 거치는 '결정적 시기'를 통해 세상을 파악하고 성장해 갑니다. 이 시기의 아이들은 어느 한쪽에 치우치지 않고 다양한 세상을 접할수록 폭넓은 사고를 갖춘 사람으로 자랄 수 있습니다. 〈생각의 탄생〉은 그런 목적으로 기획되었습니다.

아이들의 뇌 성장을 자극하는 주제

한창 자라는 뇌의 신경 세포들은 다양한 자극을 통해 성장합니다. 〈생각의 탄생〉은 아이들의 뇌 발달에 도움이 되는 다양한 문명 관련 주제를 오랜 검토와 고민 끝에 하나하나 정했습니다. 또 하나의 주제 안에서 역사, 문화, 과학, 예술 등 여러 분야의 지식을 융합하여 다양한 자극이 전해지도록 고려했습니다.

인류의 발자취를 따라가며 배우는 생각의 힘

세상의 지식은 서로 연결되어 있습니다. 또 연결된 지식에는 역사가 있습니다. 〈생각의 탄생〉은 연결된 지식의 역사 속에서 누가, 언제, 어떻게 세상에 없던 생각을 떠올렸는지 그 과정을 생생하게 따라갑니다. 아이들은 인류의 생각을 들여다보며 더 나은 미래를 펼칠 상상력을 키울 수 있습니다.

> " 자, 그럼 〈생각의 탄생〉과 함께
> 문명 탄생의 순간들을 찾아
> 즐거운 생각 여행을 떠나 볼까요? "

세 번째 지식 여행 『화폐와 경제』

신뢰가 만들어 낸 발명품, 화폐

돈! 돈! 돈!

어른들이 자주 하는 말입니다. 돈은 언제나 필요하고, 언제나 부족해 보입니다. 돈으로 사고 싶은 것이 아주 많기 때문일 것입니다. 그런데 도대체 돈이 뭘까요? 우선, 돈은 지갑에 들어 있는 동전과 지폐입니다. 하지만 대부분의 어른들은 지폐와 동전 대신 '신용 카드'라고 부르는 플라스틱 카드를 사용합니다. 버스나 지하철을 탈 때는 여러 가지 모양의 교통 카드를 사용하는 사람도 있습니다. 또 어떤 사람은 물건을 사면서 휴대폰 안에 있는 전자 화폐로 결제하기도 합니다. 우리가 이렇게 특정한 화폐, 신용 카드, 휴대폰으로 물건을 구입할 수 있는 것은 무엇 때문일까요? 바로 '돈의 성격' 때문입니다.

왜 화폐를 만들게 되었을까?

먼 옛날, 인류는 필요한 물건을 어떻게 구했을까요? 처음에는 필요한 것들을 자급자족했습니다. 하지만 시간이 지나면서 필요하거나 좋아하는 것을 얻기 위해서 물물 교환을 시작했습니다. 인류는 아주 오랜 기간 물물 교환을 하며 살았습니다. 그런데 '물물 교환'에는 몇 가지 본질적인 문제가 있었습니다. 첫째, 물물 교환에 필요한 물건을 항상 가지고 다니기가 어렵습니다. 예를 들어, 크고 무거운 항아리 같은 것을 항상 가지고 다닐 수는 없습니다. 둘째, 내가 원하는 물건을 가진 사람이 내가 가진 물건을 필요로 하지 않을 경우도 많습니다. 예를 들어, 과일을 가진 사람이 새 옷이 필요한데, 옷을 가진 사람이 과일을 싫어한다면 어떻게 해야 할까요? '화폐'의 발명은 이런 문제점을 깔끔하게 해결해 주었습니다. 물건을 직접 교환하는 대신에 물건의 가치를 표현하는 동전이나 지폐를 서로 주고받으면 되니까요. 더구나 화폐는 가지고 다니기도 편하고 상하지도 않습니다.

화폐를 믿고 쓰는 까닭은 무엇일까?

화폐는 인류의 위대한 발명품입니다. 그런데 어떻게 동전과 지폐로 우리가 필요한 것들을 얻을 수 있을까요? 정답은 사회적 '신뢰'입니다. 지폐는 그 자체로는 아무 가치가 없습니다. 동전도 금속 조각의 무게만큼만 가치가 있을 뿐입니다. 하지만 동전과 지폐를 언제든지 원하는 물건으로 바꿀 수 있다는 믿음과 신뢰가 있으면, 우리는 화폐를 사용해 서로 물건을 주고받을 수 있게 됩니다. 결국 화폐 사용에는 사회 구성원 사이의 신뢰가 가장 중요합니다. 오랜 세월 화폐에 대한 신뢰를 쌓아 온 덕분에 대부분의 화폐는 '중앙은행'이라고 불리는 국가 기관을 통해 가치가 보장되고 있습니다. 〈생각의 탄생〉 세 번째 권인 『화폐와 경제』편에서는 인류가 어떻게 화폐를 발명하게 되었는지, 그리고 화폐의 과거, 현재, 미래까지도 잘 보여 줍니다. 결국 화폐의 핵심은 서로 간의 '신뢰'라는 사실을 항상 기억하면서, 이 책을 읽어 보면 좋을 듯합니다.

김대식, KAIST 전기 및 전자공학부 교수

〈생각의 탄생〉을 시작하며… 4
신뢰가 만들어 낸 발명품, 화폐 5

1 화폐가 나타났다! 12

- 화폐가 뭐야?
- 물물 교환이 시작되다
- 물품 화폐가 생기다

생각 발견 개오지 껍데기 화폐의 탄생

2 동전과 지폐가 나타났다 22

- 금속으로 화폐를 만든 까닭은?

생각 발견 동전의 탄생

- 동전이 널리 퍼졌다고?
- 중국에서 최초의 지폐가 발행된 까닭은?

생각 발견 서양 지폐의 시작, 골드스미스노트

화폐의 정류장, 은행　44

- 골드스미스가 은행업자가 됐다고?
- 법정 화폐가 뭐야?
- 중앙은행이 전쟁 때문에 탄생했다고?
- 화폐의 가치가 계속 변한다고?

화폐의 변신, 주식　56

- 주식이 뭐야?
-  주식의 탄생
- 주식을 거래하는 곳이 생겼다고?

눈에 보이지 않는 화폐가 나타나다　68

- 동전과 지폐가 사라지고 있다고?
-  신용 카드의 탄생
- 가상 화폐가 뭐야?
- 가상 화폐는 어떻게 만들까?

📄 물물 교환에서 시작된 화폐의 발전과 미래　84

궁금증 상담소　88

손바닥 교과 풀이　90

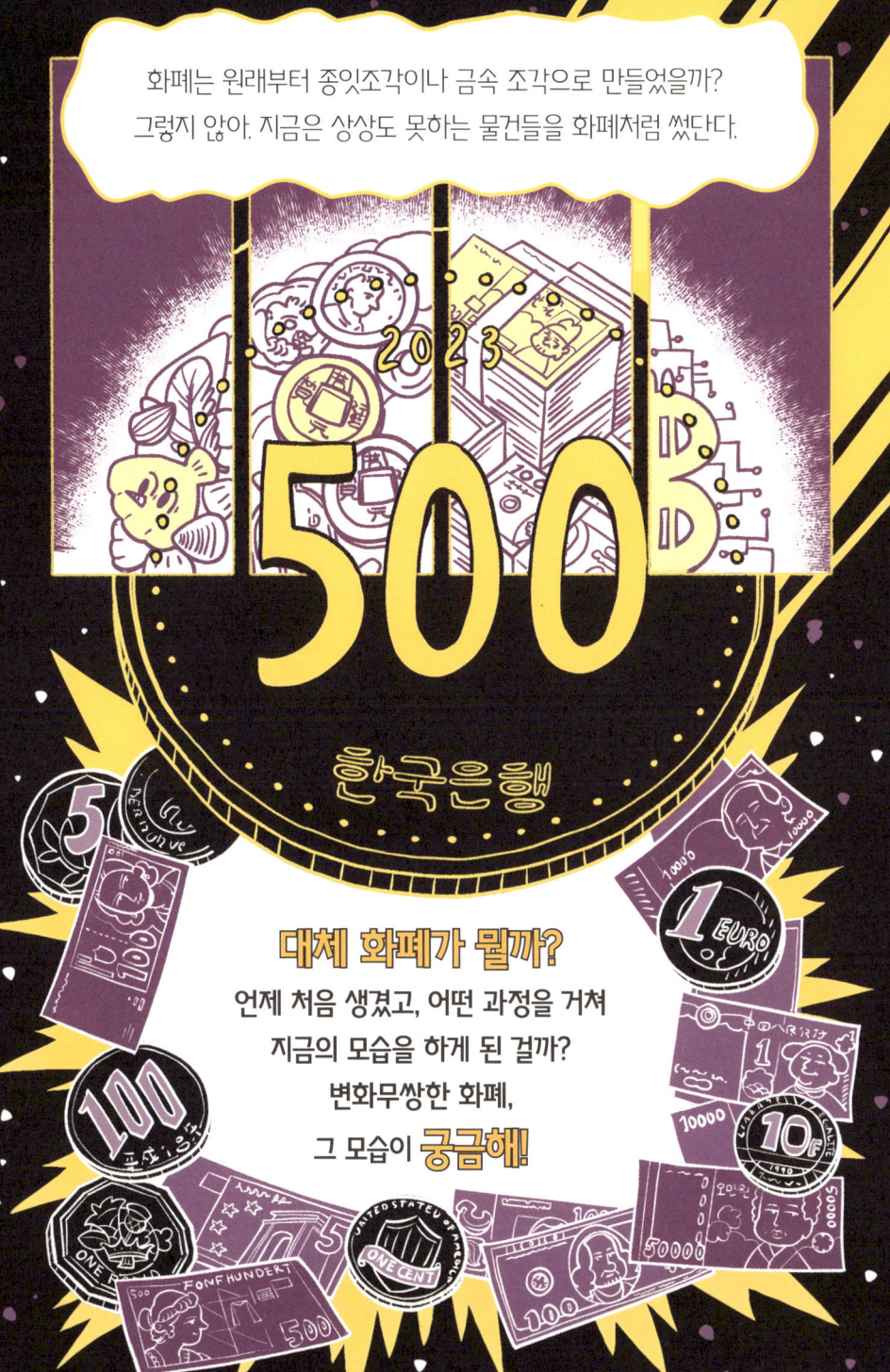

1. 화폐가 나타났다!

제가요?

불, 바퀴, 화폐를 인류의 3대 발명품이라고 불러. 인류 문명에 엄청난 영향을 미쳤거든. 인류는 불을 자유자재로 쓸 수 있게 되면서 비로소 문명을 일굴 수 있게 되었어. 바퀴의 발명도 수레나 자동차 같은 교통수단의 획기적 발전을 이뤄 냈지. 하지만 우리 생활에 가장 큰 영향을 미친 건 뭐니 뭐니 해도 화폐야.

그런데 도대체 화폐가 뭘까? 화폐는 우리가 보통 돈이라고 부르는 거야. 좀 더 자세히 설명하면, 물건의 값을 치르는 수단이라고 할 수 있지. 예를 들어 떡볶이를 3천 원어치 먹었으면 그에 맞는 값을 내야 하는데, 이때 지폐나 동전 등으로 떡볶이값을 내잖아. 떡볶이값으로 낸 지폐나 동전을 화폐라고 하는 거야.

우리가 먹고, 자고, 입고 하는 경제 활동에서 화폐는 핏줄과 같은 역할을 해. 피가 우리 몸을 구석구석 돌면서 영양소를 잘 공급해야 건강해지듯이 화폐도 잘 돌아야 경제가 건강해지는 법이지. 화폐 덕분에 공장에서 만든 예쁜 옷이나 학용품, 장난감 등을 손쉽게 살 수 있고, 해외에서 생산한 바나나, 파인애플 같은 맛난 과일을 사 먹을 수 있어. 그렇다면 화폐가 없던 시절에는 어땠을까?

물물 교환이 시작되다

화폐는 처음부터 동전이나 지폐였을까? 그렇지 않아. 동전과 지폐가 탄생하기까지는 아주 오랜 세월이 걸렸어.

구석기 시대 사람들은 먹고살기가 너무 힘들었어. 들판에서 열매를 따 먹거나 작은 동물을 잡아먹으며 살았지. 하루하루 힘들게 구한 식량으로 겨우 살아가야 했던 사람들은 거래를 할 일이 없었어. 당연히 화폐는 필요 없었단다. 그러다가 사람들이 한곳에 머물며 농

사를 짓고, 동물을 키우기 시작했어. 그러자 남는 물건이나 음식이 생겼지. 이것을 '잉여 생산물'이라고 해.

  그 뒤, 사람들은 잉여 생산물을 서로 바꾸기 시작했어. 가축을 기르는 사람은 먹고 남은 고기를 어부가 잡은 물고기와 바꿔 먹었던 거지. 이를 '물물 교환'이라고 해. 이때만 해도 화폐는 필요하지 않았어. 필요한 물건끼리 바꾸어서 사용하면 됐으니까 말이야.

물품 화폐가 생기다

　물물 교환은 불편한 점이 많았어. 내가 필요한 물건을 가지고 있거나 내 물건이 필요한 사람을 찾기가 쉽지 않았거든. 예를 들어, 멧돼지 고기가 먹고 싶은 어부가 있다고 생각해 봐. 어부는 사냥꾼을 찾아가 자기가 잡은 물고기를 멧돼지 고기와 바꾸자고 했어. 하지만 사냥꾼은 물고기가 아니라 곡물이 필요하다고 했지. 이때 어부에게 좋은 생각이 떠올랐어. 물고기가 필요한 농부를 찾아가 물고기를 주고 곡물과 먼저 바꾸는 거야. 그런 다음, 곡물과 멧돼지 고기를 다시 바꾸는 거지. 그런데 어부가 물고기를 곡물과 바꾸어 주겠다는 농부를 찾지 못했다면 어떻게 되었을까? 아마 멧돼지 고기를 얻을 수 없었을 거야.

이렇게 사람들은 원하는 물건을 직접 바꾸기 어려우면 곡물과 같은 제3의 물품으로 손쉽게 거래할 수 있다는 사실을 깨달았어. 이 제3의 물품을 '물품 화폐'라고 불러. 곡물, 소금 등이 중요한 물품 화폐였는데, 나중에는 금, 은, 고래 이빨, 개오지 껍데기처럼 들고 다니기 편하면서 희귀한 물건이 물품 화폐로 널리 쓰였어. 특히 개오지 껍데기는 중국을 비롯한 세계 곳곳에서 쓰였지.

개오지 껍데기 화폐의 탄생

2. 동전과 지폐가 나타났다

금화, 은화 같은 금속 화폐는 언제 처음 만들어졌을까? 사실 사람들 사이에 거래가 많지 않았을 때는 물품 화폐로도 큰 문제가 없었어. 하지만 사회가 발전하면서 사람들은 더 많은 물건이 필요해졌고, 주변 나라들과 교류가 늘면서 다른 지역에서 나오는 진귀한 물건들도 가지고 싶어 했지.

멀리 떨어진 지역과 거래가 많아질수록 물품 화폐는 점점 불편해졌어. 지역마다 사용하는 물품 화폐가 달랐거든. 예를 들어, 고래 이빨을 물품 화폐로 쓰는 지역에서는 개오지 껍데기로는 필요한 물건을 사기 힘들었겠지. 이 문제를 해결한 게 바로 금속이야. 금속은 농기구나 무기 그리고 장신구 같은 중요한 물건을 만들 수 있기 때문에 어디에서나 환영받았어. 금속만 가지고 있으면 필요한 것을 쉽게 바꿀 수 있었단다.

    금속 중에서 가장 인기가 좋은 건 금과 은이었어. 반짝이면서도 색이 잘 변하지 않는 금과 은은 누구나 갖고 싶어 했지.

중국에서는 약 2400년 전에 청동기로 금속 화폐를 만들었어. 화폐의 모양도 아주 다양했지. 작은 칼처럼 생긴 도전도 있었고, 삽과 쟁기처럼 생긴 포전도 있었어. 그리고 우리가 흔히 엽전이라고 부르는, 가운데에 네모난 구멍이 뚫린 동전도 중국에서 처음 만들어졌어.

세계에서 금으로 동전을 처음 만들어서 널리 쓴 나라는 지금의 튀르키예(옛 터키) 땅에 있던 리디아 왕국이라고 알려져 있어. 당시 리디아 왕국에서 금과 은이 섞여 있는 호박금이라는 금속으로 동전을 만들어 썼다고 해.

사실 리디아 왕국이 번성했던 고대에는 작고 동그랗고 납작하면서도 다양한 문양이 들어간 동전을 만드는 것이 여간 어려운 기술이 아니었어. 금속의 성분도 같아야 하고, 모양은 물론 무게도 같아야 했기 때문이지.

금속 화폐 만들기

금속으로 동전을 만들려면 먼저 돌판에 똑같은 크기로 여러 개의 구멍을 만들어.

그리고 금속을 뜨거운 불로 녹여.

그런 다음, 불에 녹인 금속을 돌판의 동그란 구멍에 부어.

받침대에는 동전의 뒷면을 새기고, 쇠뭉치에는 동전의 앞면을 새겨.

무늬는 거꾸로 새겨야 똑바로 찍혀.

떼어 낸 금속 조각을 받침대와 쇠뭉치 사이에 놓고 나무망치로 강하게 쳐.

그러면 양면에 무늬가 새겨진 동전이 만들어지는 거야.

생각발견

동전의 탄생

약 2700년 전, 지금의 튀르키예(옛 터키) 땅에 리디아 왕국이 있었어. 이 지역은 동·서양을 오가는 길목에 있어서 늘 사람들이 붐볐어.

리디아

게다가 리디아 왕국에서는 금과 은이 섞여 있는 호박금이 많이 나왔어. 사람들은 너도나도 호박금을 캤지.

구령 맞춰 시작!
후! 하!
후! 하!
아이고, 내 체!

동실 동실

그렇게 해서 리디아 왕국은 순금과 순은으로 된 금화와 은화를 만들 수 있게 되었어. 리디아 왕국의 화폐는 더욱 편리해졌어.

크로이소스왕이 만든 금화와 은화는 다른 나라에도 널리 퍼졌어.
편리할 뿐만 아니라 믿을 수 있었기 때문이야.

신뢰 빔—!

그 뒤, 이웃 나라에서도 리디아 왕국의 동전을 따라 만들었지.

우리도 해 볼까?

우리도 만들 수 있을 듯.

리디아 왕국에서 만든 동전의 특징은 지금도 이어지고 있어.

동전은 둥글게 만들어.

동전의 가치를 표시해.

어느 나라에서 만든 동전인지 쉽게 알아볼 수 있도록 무늬를 넣어.

   리디아 왕국의 동전을 처음으로 따라 만든 나라는 이웃한 그리스의 도시 국가들이었어. 그 뒤를 이어 이탈리아 남부와 소아시아에서도 동전을 만들기 시작했지. 동전이 물품 화폐보다 물건을 거래할 때 훨씬 편리했기 때문이었어.

   그리스의 도시 국가인 아테네에서는 은화를 주로 만들었는데, 도시의 수호신인 아테나 여신이나 상징인 올빼미를 새겨 넣은 것이 많아. 다른 나라들도 동전에 자기 나라의 상징물들을 새겨 넣었어.

   고대에 동전을 가장 널리 퍼뜨린 나라는 로마 제국이었어. 아주 넓은 땅을 다스리던 무척 힘센 나라였거든. 로마 제국은 황제의 얼굴이나 신화의 내용이 새겨져 있는 동전을 쓰도록 했어. 그래서 동전이 전 유럽으로 퍼질 수 있었단다.

　로마 제국이 멸망한 뒤에도 동전은 사라지지 않았어. 유럽에 새로 들어선 나라들도 동전을 만들어 썼거든. 그리고 동전은 지금까지도 계속 쓰이고 있단다.

중국에서 최초의 지폐가 발행된 까닭은?

 동전은 편리한 점이 많지만 불편한 점도 있었어. 동전 한 개는 작고 가볍지만 개수가 늘어날수록 무겁다는 거야. 그래서 많은 동전을 한꺼번에 옮기고 보관하는 것은 큰 골칫거리였어. 영토가 넓은 중국도 마찬가지였지. 게다가 중국은 농기구나 무기를 만들 금속이 늘 부족했단다. 그래서 중국에서는 10세기 말부터 '교자'라는 지폐를 쓰기 시작했어. 교자는 원래 상인들이 동전을 보관해 주고 발행한 보관증이었어.

 그런데 지폐는 동전과 무엇이 다를까? 금속으로 만든 동전은 그 자체로도 가치가 있지만 지폐는 그렇지 않다는 거야. 이런 지폐가 널리 쓰이려면 무엇이 필요할까? 바로 지폐를 쓰는 사람들 사이에 믿음이 있어야 해. 그런데 믿음 가운데 가장 강력한 믿음은 무엇일까? 아마도 국가일 거야. 중국은 모든 권력이 황제에게 있는 중앙집권제 국가였어. 그래서 황제가 지폐를 쓰라고 명령을 내리면 백성들은 황제를 믿고 지폐를 쓸 수 있었단다.

이에 비해 서양은 중국보다 700년가량 뒤에야 지폐를 쓰기 시작했어. 서양에서 지폐 사용이 늦었던 까닭은 뭘까? 서양에서는 오랫동안 봉건제를 유지했기 때문이란다.

봉건제가 뭐냐고? 왕이 여러 제후에게 영토를 나누어 주고, 그 대신 제후들은 왕에게 충성을 맹세하는 방식의 통치 제도야. 그러다 보니 제후들은 자기 영토에서 거의 왕이나 다름없었어. 하지만 한편으로 제후들은 왕의 눈치도 봐야 했어. 또 왕도 제후들에게 함부로 명령을 내릴 수는 없었지. 서양에서는 중국의 황제처럼 지폐의 가치를 보증해 줄 강력한 권력자가 없었던 거야. 그러니 사람들이 종잇조각에 불과한 지폐를 마음 놓고 쓸 수 없었지.

서양은 무역이 발달하기 시작한 17세기 이후에야 지폐가 등장했어. 서양에서 지폐를 사용하기 시작하는 데 큰 역할을 한 사람들은 영국의 금 세공업자인 골드스미스야. 이들이 발행한 골드스미스노트가 지금의 지폐로 발전했거든.

서양 지폐의 시작, 골드스미스노트

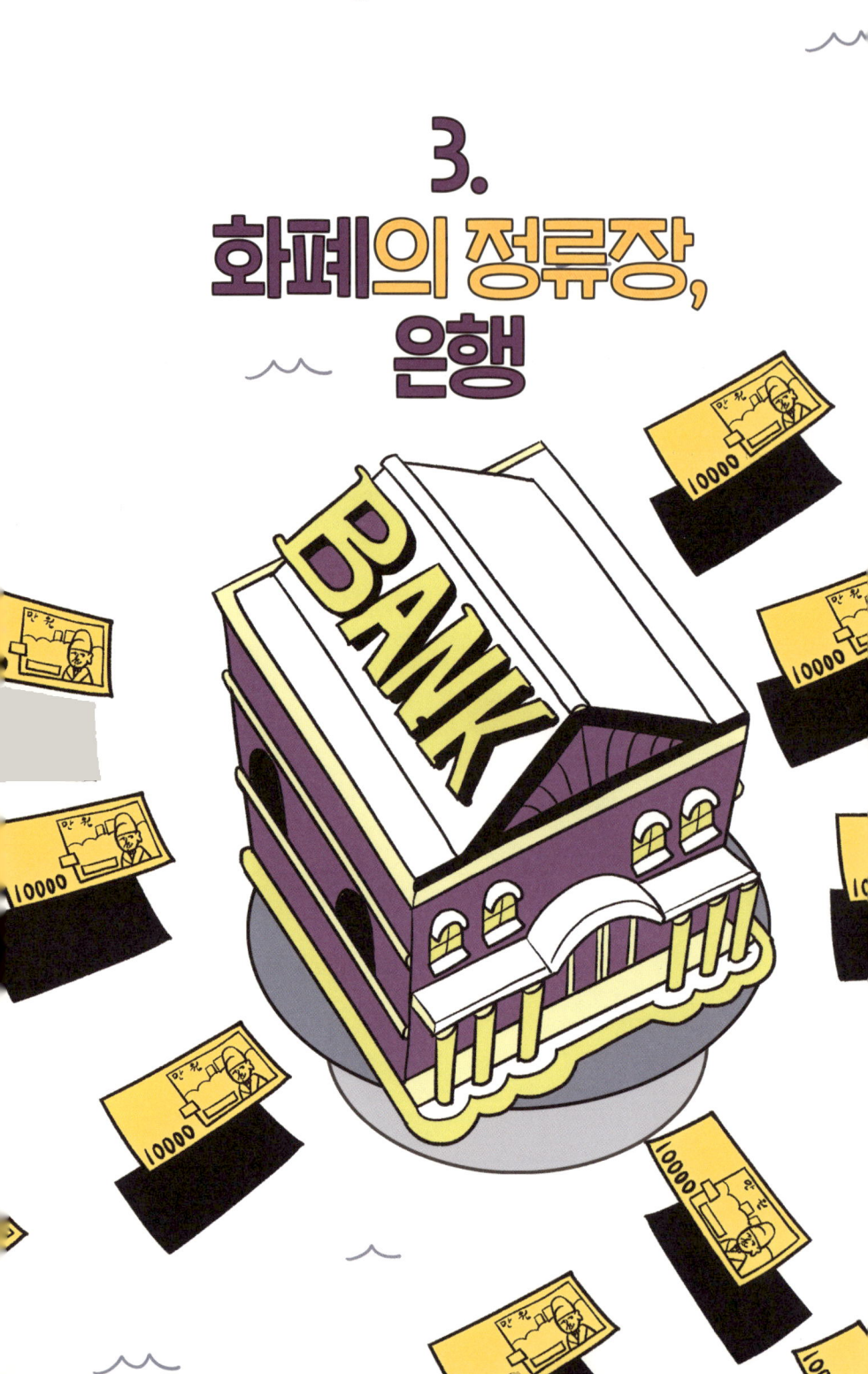

골드스미스가 은행업자가 됐다고?

　동전과 지폐가 널리 쓰이면서 자연스럽게 오늘날의 은행과 같은 역할을 하는 곳이 필요해졌어. 그 역할을 한 사람이 누군지 아니? 바로 골드스미스야. 골드스미스는 어떻게 은행업자가 될 수 있었을까?

　처음에 골드스미스는 금화를 보관해 주고 '골드스미스노트'를 발행하는 단순한 일을 했어. 그러다가 골드스미스노트를 가진 사람들이 금화를 찾으러 오는 경우가 많지 않다는 사실을 알아차렸어. 사람들이 골드스미스노트로 거래하는 데 불편함이 없었기 때문이야. 금화를 찾으러 온다고 하더라도 큰 문제는 없었어. 골드스미스노트를 가진 사람들이 한꺼번에 몰려들 리는 없었으니까.

　골드스미스는 금고에 보관하고 있던 금화로 쉽게 돈을 벌 수 있는 방법을 생각해 냈어. 돈이 필요한 사람에게 이자를 받고 골드스미스노트를 발행하는 거지. 결과적으로 자신들이 보관하고 있는 금화보다 더 큰 액수의 골드스미스노트를 발행한 거야. 이렇게 골드스미스는 돈을 빌려준 대가로 이자를 받는 은행의 역할을 하게 되면서 은행업자로 변신한 거란다.

골드스미스가 은행을 세우고, 지폐를 발행하면서 영국에서는 여러 문제가 생겼어. 가장 큰 문제는 은행이 실제 가진 금화보다 너무 많은 지폐를 발행한다는 거야.

은행은 자신이 발행한 지폐를 가져오면 그만큼의 금화를 내주어야 해. 사실 은행이 보관하고 있는 금화보다 조금 많은 지폐를 발행했을 때는 별로 문제가 없어. 하지만 은행에서 보관한 금화보다 훨씬 많은 지폐를 발행했을 때는 큰 문제가 생겨. 만약 지폐를 가진 사람들이 한꺼번에 금화를 찾으러 은행에 오면 어떻게 될까? 은행에는 지폐를 가진 사람들에게 내줄 금화가 없을 테고, 은행은 파산하겠지. 실제로 영국에서 이런 일이 일어났단다.

1672년, 영국 왕인 찰스 2세가 은행에서 빌린 돈을 갚지 않는 일이 벌어졌어. 그러자 은행에 돈을 맡긴 사람들이 한꺼번에 몰려들었어. 당연히 은행은 파산했고, 사람들은 하루아침에 재산을 잃어버렸단다. 그 뒤, 영국에서는 국가에서 인정하는 은행에서만 화폐를 발행하도록 했어. 이를 법정 화폐라고 해.

    법정 화폐를 발행하는 은행을 중앙은행이라고 해. 그런데 영국에서 중앙은행이 탄생한 이유는 다름 아닌 전쟁 때문이었어.

    1694년, 영국은 프랑스와 전쟁 중이었어. 그런데 전쟁을 하려면 큰돈이 필요했어. 병사들이 전쟁터에서 먹고 입는 것부터 무기를 만드는 일까지 모두 돈이 엄청나게 들어갔거든. 전쟁을 하다 보면 나라 살림은 몹시 쪼들릴 수밖에 없었어. 당시 영국 왕이었던 윌리엄 3세는 궁리 끝에 돈이 많은 상인들을 불러 모아서 화폐를 발행할 권한을 주겠다며 120만 파운드를 모아 달라고 했어. 상인들은 돈을 모아 주었고, 이들은 잉글랜드 은행을 세웠어.

    처음에는 잉글랜드 은행에서 발행한 화폐도 다른 민간 은행에서 발행한 화폐와 다를 게 없었어. 그러다 1844년에 영국 정부가 잉글랜드 은행에서만 화폐를 발행하도록 법으로 정했어. 이렇게 해서 잉글랜드 은행이 영국의 중앙은행이 된 거야.

그 뒤, 다른 나라들도 영국을 따라서 중앙은행을 세웠어. 미국의 연방 준비 제도, 독일의 독일 연방 은행, 프랑스의 프랑스 은행, 우리나라의 한국은행이 바로 중앙은행이야.

중앙은행에서 하는 가장 중요한 일은 화폐를 발행하는 거야. 지금은 중앙은행에서 돈을 맡아 주거나 빌려주고 이자를 받는 일을 하지 않아. 그런 일은 민간 은행에서 하고 있지. 민간 은행에서는 은행이 보관하고 있는 돈의 10% 정도만 남기고, 나머지 돈은 사람들에게 빌려주고 이자를 받아. 영국의 골드스미스처럼 은행에 돈을 맡긴 사람들이 한꺼번에 찾으러 오지 않는 걸 이용하는 거지.

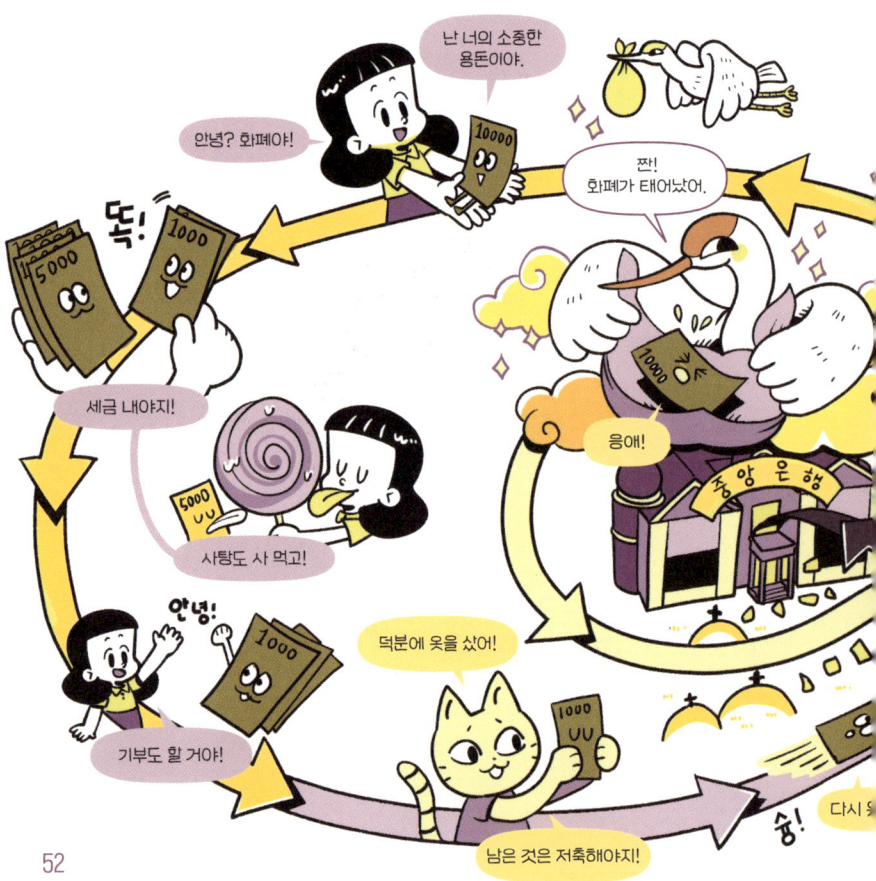

그럼, 중앙은행에서 발행된 화폐가 어떻게 돌고 도는지 알아볼까? 중앙은행에서 찍어 낸 화폐는 민간 은행으로 보내져. 그 후 사람들의 손을 거치지. 사람들은 그 화폐로 물건을 사고팔고, 나라에 세금을 내고, 저축도 하지. 기업에서는 공장을 짓고, 물건을 만드는 데 쓰기도 해. 그러다 화폐가 쓸 수 없을 정도로 낡으면 민간 은행을 통해 중앙은행으로 보내져 폐기된단다. 지폐는 곱게 갈고, 동전은 녹여서 다시 새로운 동전으로 태어나지.

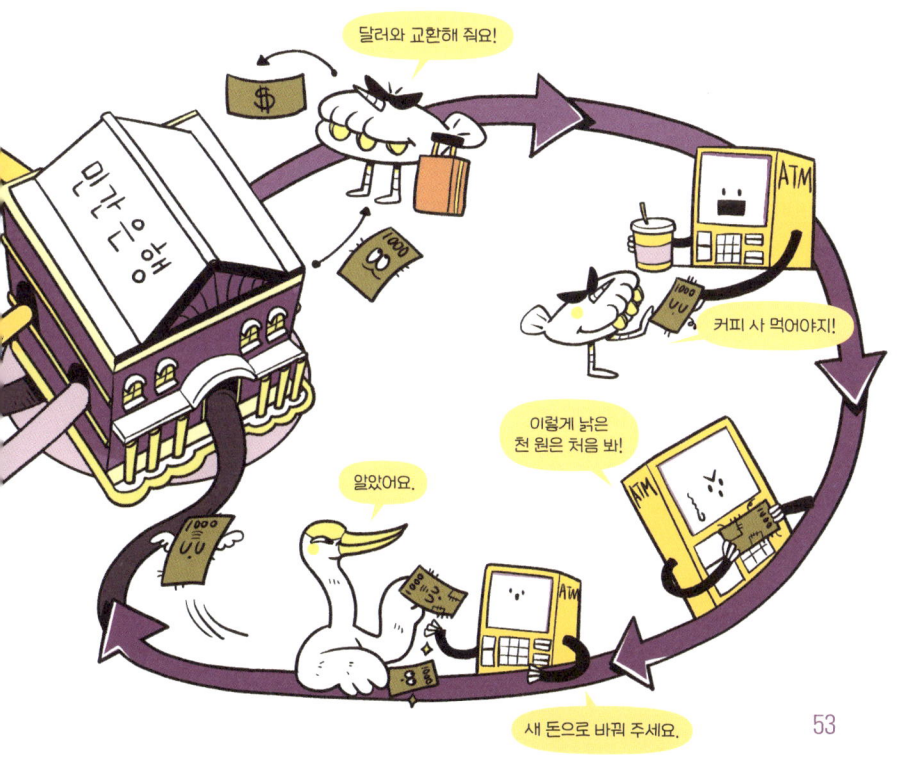

화폐의 가치가 계속 변한다고?

 오늘날의 지폐는 얼핏 보면 종이 같지만 면섬유로 만들었어. 그리고 가짜 지폐를 만들지 못하도록 여러 장치를 하지. 지폐 한 장을 만드는 데는 100~200원 정도 든다고 해.

 지폐를 만드는 비용은 똑같지만 그 위에 1000이라고 쓰면 천 원, 10000이라고 쓰면 만 원, 50000이라고 쓰면 오만 원의 가치가 돼. 그런데 앞에서 말했지만 지폐는 그 자체로는 별로 가치가 없어. 천 원이든 만 원이든 오만 원이든 실제 가치는 100~200원밖에 되지 않으니까. 그런데도 사람들이 안심하고 지폐를 쓰는 건 중앙은행에서 발행하고 국가가 보증하기 때문이야. 만약 국가에서 보증하지 않으면 지폐에 표시된 숫자는 아무 의미가 없어.

그런데 화폐의 가치는 언제나 똑같을까? 아니야, 화폐의 가치는 마치 살아 있는 생명체처럼 계속해서 변해. 물가가 오르면 화폐의 가치는 떨어지고, 물가가 내리면 화폐의 가치는 높아져. 예를 들어, 버스 요금이 1천 원에서 2천 원으로 오르면 화폐의 가치는 전보다 떨어져. 왜냐하면 똑같은 1천 원으로 이제는 버스를 탈 수 없으니까. 화폐의 가치는 앞으로도 계속 바뀔 거야.

　화폐의 가치가 계속해서 바뀌는 것처럼 화폐의 모습도 바뀌고 있어. 주식도 그 과정 속에서 나왔어. 주식이 뭐냐고? 주식회사에서 발행한 증서야. 주식회사는 돈을 벌면 이익을 나누어 주겠다고 약속하고 여러 사람에게 돈을 모아 세운 회사야. 주식회사를 세우는 이유는 한 사람이 회사를 차려서 경영하기엔 돈이 모자라기 때문이야. 좋은 사업 계획은 가지고 있는데, 돈이 없다면 어떻게 해야 될까? 그럴 때 사람들에게 주식을 발행해서 도움을 받는 거란다. 이 주식을 가지고 있는 사람을 주주라고 하는데, 주주는 자신이 가지고 있는 주식만큼 그 회사의 주인이 되는 거야.

　만약 어떤 회사의 총주식 값이 천만 원인데, 내가 만 원어치 주식을 가지고 있다면 나는 1000분의 1만큼 그 회사의 주인이 되는 거지.

그럼, 주식을 처음 발행한 회사는 어디일까? 바로 네덜란드 동인도 회사야. 돈이 많이 드는 동방(동쪽에 있는 나라) 무역의 위험성을 여러 사람과 나누기 위해서였지.

주식의 탄생

16세기, 네덜란드에서는 무역이 아주 활발했어.
항구에는 동방으로 떠나는 커다란 배들이 가득했지.

우리 앉을 자리도 없네!

무역상들이 눈독을 들인 건 동방에서 나오는 향신료였어.

향신료를 넣으면 고기를 오래 보관할 수 있어.

고기 맛도 훨씬 좋아지던데.

특히 후추는 매우 비쌌어.
금값이나 다름없었지.

후춧값이 너무 비싸요. 좀 싸게 주세요.

당신 말고도 살 사람은 많소.

주식을 거래하는 곳이 생겼다고?

    동인도 회사의 증서는 차츰 거래가 늘었어. 그런데 증서를 거래하는 데 몇 가지 어려움이 있었단다. 가장 큰 문제는 증서를 팔 사람이나 살 사람을 찾는 일이었단다. 또 사람을 찾아도 서로 만족할 만한 가격에 거래하기가 쉽지 않았지.

    사람들은 네덜란드 암스테르담의 항구 근처에 있는 다리에 모여서 거래를 하기 시작했어. 장소를 정하면 만나기도 쉽고 사람도 많이 모이니까 만족할 만한 가격으로 증서를 사고팔 수 있는 가능성이 높아진다고 생각한 거지.

    사람들은 그곳에서 동방으로 떠난 무역선 소식을 듣고, 증서를 거래할 사람도 찾았어. 거래가 이루어지면 동인도 회사의 사무실로 찾아가 거래 사실을 기록했지. 얼마 지나지 않아 다리는 증서를 거래하는 사람들로 붐비기 시작했어. 나중에는 다리에 지붕까지 올렸단다. 이렇게 해서 처음으로 주식을 사고파는 거래소가 생긴 거야.

오늘날 증권 거래소에서 하는 일은 암스테르담에 처음 생긴 거래소에서 하던 일과 거의 비슷해. 다만 주주들이 증권 거래소를 직접 가지 않고, 컴퓨터나 스마트폰으로 주식을 사고파는 것이 달라졌을 뿐이야. 주식회사가 경영을 잘해서 수익이 높아지면 주식 가격도 올라가. 당연히 그 회사 주식을 산 사람은 돈을 벌게 되지. 반대로 경영을 엉망으로 해서 주식 가격이 떨어지면 그만큼 손해를 보게 되는 거야. 그래서 주식을 살 때는 회사에 관한 여러 가지 정보를 꼼꼼하게 살펴봐야 한단다.

흔히 주식을 '자본주의의 꽃'이라고 부르곤 해. 그만큼 주식이 경제에 미치는 영향이 크다는 것이지. 사람들은 주식 시장의 흐름을 보면서 경제가 좋은지 나쁜지, 또 어디로 흘러가는지, 미래에 어떤 산업이 발전할지 등을 예측한단다.

5.
눈에 보이지 않는 화폐가 나타나다

21세기에 정보 통신 산업이 크게 발달하면서 화폐의 쓰임도 빠르게 바뀌고 있어. 가장 큰 변화는 사람들이 점점 더 동전과 지폐를 쓰지 않는다는 거야. 생각해 봐. 버스를 탈 때는 교통 카드를 쓰고, 편의점에서 아이스크림을 살 때는 스마트폰에 있는 전자 상품권을 쓰잖아. 그리고 마트에서 물건을 살 때는 신용 카드를 쓰고 말이야.

심지어 지금은 물건을 사러 직접 가지 않아도 돼. 인터넷만 연결되어 있으면 언제 어디에서나 필요한 물건을 살 수 있거든. 우리나라 소비자가 미국 상품을 사고, 미국 소비자가 우리나라 상품을 사는 일이 실시간으로 이루어지고 있어. 이런 것은 전자 화폐 덕분이기도 해. 전자 화폐가 뭐냐고? 스마트폰 같은 전자 기기나 전자 칩 등에

저장된 형태의 화폐를 말해. 교통 카드처럼 카드 안에 담긴 것도 있고, 전자 상품권처럼 전자 기기 안에 담긴 것도 있지.

그렇다면 사람들이 언제부터 동전이나 지폐가 없어도 거래를 할 수 있게 된 걸까? 그건 아마도 신용 카드라는 것을 쓰기 시작하면서부터일 거야.

생각발견
신용 카드의 탄생

1949년, 미국의 사업가 맥너마라는 '메이저스 캐빈 그릴'이라는 식당에서 저녁을 먹고 지갑을 가져오지 않은 것을 알게 됐어.

앗!

이런, 지갑을 깜빡했네?

맥너마라는 아내에게 급히 전화를 해서 돈을 가져와 달라고 부탁했어.

잘 좀 챙겨요!

...어이구!

사실 돈을 주머니에 넣고 다니는 것은 불편한 점이 많아.

돈을 잃어버릴 때도 있고,

언제 구멍이 났지?

텅~

돈이 찢어질 때도 있고,

뽀삐야! 안 돼!

갈기 갈기

돈이 많이 필요할 때도 있었어.

지갑이 너무 뚱뚱해졌어!

돼지...

1950년,
맥너마라와 슈나이더는
식당을 다시 찾아갔어.

식당 주인에게 카드를 보여 주면서 가맹점이 되어 달라고 했지.

월말에 한꺼번에 결제를 하겠소.

돈을 떼먹지는 않겠죠?

믿어 보겠소.

맥너마라와 슈나이더는 신용 카드의 이름을 '다이너스 클럽'이라고 정했어.

신용 카드의 탄생이군.

카드 이름이 '식사하는 모임'이네.

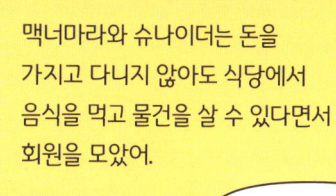

맥너마라와 슈나이더는 돈을 가지고 다니지 않아도 식당에서 음식을 먹고 물건을 살 수 있다면서 회원을 모았어.

날 보여 주기만 하면 된다고!

회비는 1년에 3달러.

손님들이 많이 이용하겠죠?

초기 다이너스 클럽의 회원은 200명 정도였고, 신용 카드로 결제할 수 있는 레스토랑은 14곳에 불과했어.

신용 카드를 쓰는 사람이 점점 늘어나네?

　신용 카드가 널리 쓰이면서 화폐를 가지고 다니지 않는 사람이 많아졌어. 화폐를 더 이상 가지고 다니지 않으면 화폐는 사라질까? 그건 아무도 몰라. 세상은 너무나 빨리 변하니까 말이야.

　우리는 이제 지금보다 더 놀라운 기술이 발전할 시대를 맞이할 준비를 해야 해. 그 시대는 흔히 '메타버스'라고 불리는 사이버상의 가상 현실이 될 거야. 메타버스에서는 가상 세계와 현실 세계의 경계가 거의 없어질 거라고 보고 있어. 사람들이 메타버스에서 가상의 인물이나 분신을 통해 사회, 문화, 경제적 활동을 하거든.

　화폐도 마찬가지야. 정보 통신의 발달에 힘입어 근래에 새로운 화폐가 만들어졌어. 이 새로운 화폐는 동전이나 지폐처럼 손으로 만질 수 있는 화폐가 아니야. 컴퓨터 네트워크상에서 데이터로만 존재한단다. 그래서 가상 화폐라고 해. 현재 데이터로 만든 가상 화폐는 비트코인, 이더리움 등 여러 종류가 있어. 실제 화폐도 미국의 달러, 유럽의 유로화 등 여러 가지가 있는 것과 비슷하다고 보면 돼. 그중 달러가 세계 경제의 중심에 있듯이 가상 화폐 가운데 대표적인 게 비트코인이란다.

> 가상 화폐는 볼 수도 없고, 만질 수도 없단 말이야.

> 내 돈을 확인해야겠어!! 가상 화폐를 보여 줘.

비트코인을 얻는 방법은 화폐와 전혀 달라. 비트코인을 얻으려면 컴퓨터로 암호 같은 어려운 수학 문제를 풀어야 한단다. 그래서 암호 화폐라고 부르기도 해.

아주 복잡한 계산을 수없이 반복한 끝에 문제를 푸는 사람만이 비트코인을 얻을 수 있어. 마치 광부가 광산에서 힘겨운 곡괭이질을 거듭한 끝에 금을 캐내는 것과 비슷해. 그래서 사람들은 비트코인을 얻는 과정을 '비트코인 채굴'이라고 부른단다.

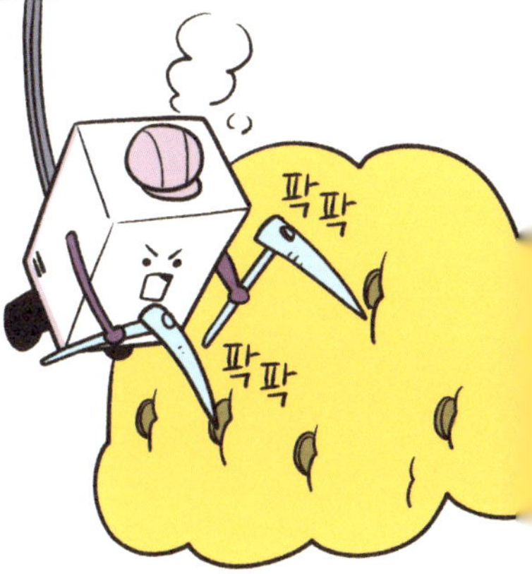

그렇다면 비트코인을 무한정 채굴할 수 있을까? 그렇지는 않아. 비트코인이 개발된 것은 2009년이야. 이때부터 4년 동안은 10분마다 문제를 푸는 사람이 50비트코인을 얻을 수 있도록 되어 있었어. 그 이후 4년마다 문제를 푸는 사람이 얻을 수 있는 비트코인은 절반씩 줄어들게 되어 있단다.

비트코인은 총 2100만 비트코인만 채굴하도록 되어 있어. 돈을 마구 찍어 내면 화폐의 가치가 떨어지듯이 비트코인도 너무 많이 만들면 가치를 잃을 수 있으니까.

지금은 비트코인을 채굴하려면 엄청난 시간과 돈이 들어. 그래서 대부분 전문 채굴자들이 고성능 컴퓨터를 사용해 채굴에 나서고 있지. 최근에는 인도와 중국의 대기업들이 이 사업에 뛰어들었다고 해. 고성능 컴퓨터 3천 대를 이용해서 채굴을 하는데, 전기 요금만 한 달에 1억 가까이 나올 정도래. 정말 엄청나지?

그렇다면 비트코인으로 뭘 할 수 있을까? 아직까지 비트코인을 쓸 수 있는 곳은 많지 않아. 그러나 가상 화폐에 대한 관심이 높아지면서 실제로 쓸 수 있는 곳이 점점 늘어나는 중이란다.

비트코인을 실생활에서 쓰려면 아주 복잡해. 원래는 개인과 개인이 서로 암호를 주고받으며 거래를 하는데, 그것이 매우 힘들지. 그래서 거래소에서 대신 해 줘. 아직까지 우리 주변에서 비트코인으로 필요한 것을 사는 것은 흔한 일이 아니야. 미래에는 어찌 될지 모르지만 말이야.

최초로 비트코인으로 피자를 사 먹은 사람은?

2010년 5월 22일, 미국의 한예츠가 1만 비트코인으로 피자 두 판을 샀어. 이날 처음으로 비트코인으로 거래를 한 거야.

단돈 1만 비트코인

가상 화폐 업계에서는 이날을 '비트코인 피자데이'로 기념하고 있어.

드디어 나도 돈처럼 쓰이는구나!

피자 두 판 가격이었던 1만 비트코인은 3개월 뒤에 600달러, 이듬해 5월에는 7만 달러가 되었어.

너무 일찍 썼나?

지금은 1만 비트코인의 가치가 무려 수억 달러에 이른단다.

망했다!

유물 이름
비트코인으로 산 피자
- 촌대지 마시오! -

물물 교환에서 시작된 화폐의 발전과 미래

물품 화폐보다 한 단계 더 나아간 화폐는 고대 중국에서 널리 쓰였던 개오지 껍데기야. 가볍고 예쁜 데다 크기도 비슷해서 계산하기 쉬웠지.

지금의 모습과 비슷한 동전이 만들어지기 시작한 건 약 2700년 전이야. 리디아 왕국에서 세계 최초로 '호박금'으로 동전을 만들어 쓰기 시작했어. 진정한 화폐가 등장한 거야.

한참 뒤인 1950년경, 미국의 맥너마라가 화폐가 없어도 거래할 수 있는 신용 카드를 만들었어.

2009년에는 데이터로 만든 가상 화폐가 탄생했어.

화폐는 오랜 기간 계속해서 새로운 모습으로 변해 왔어.
미래에는 또 어떤 놀라운 화폐가 탄생하게 될까?

궁금증 상담소

Q 골드스미스의 뜻은 무엇일까?

A 서양 사람들의 성에는 그들 조상이 가진 직업의 흔적이 남아 있어. 스미스는 서양에서 가장 흔한 성인데, 금속을 다루는 대장장이를 뜻해. 그중에 금을 다루는 사람을 '골드스미스'라고 불렀지.

Q 동전의 옆면은 왜 톱니로 되어 있을까?

A 옛날 유럽에서는 동전의 옆면을 깎아서 모은 부스러기를 녹여서 가짜 동전을 만드는 사람들이 있었어. 이 문제를 해결한 사람이 영국의 물리학자 뉴턴이야. 뉴턴은 동전 옆면에 톱니를 새겨서, 가짜 동전을 만드는 사람들이 따라하지 못하도록 했지.

Q 우리나라에서 처음 만든 화폐는 뭐야?

A 우리나라 최초의 화폐는 고려 성종 때 만든 '건원중보'였어. 하지만 실제로 조선 전기까지는 화폐가 널리 쓰이지 못했어. 사람들은 거래할 때 화폐보다는 쌀이나 옷감 등을 많이 썼단다. 그러다 조선 후기에 들어 상업이 발전하면서 비로소 숙종 때 발행된 '상평통보'라는 화폐가 널리 쓰이기 시작했지.

Q 오늘날의 지폐는 왜 면섬유로 만들까?

A 지폐는 종이가 아니라 면섬유로 만들어. 면섬유가 종이보다 부드럽고 질기기 때문이야. 종이는 몇십 번만 접었다 펴면 찢어져 버리지만, 면섬유는 약 만 번을 접었다 펼 수 있어. 또한 종이는 물에 젖으면 금방 찢어지지만, 면섬유는 잘 말리면 다시 쓸 수 있단다.

Q 지폐는 왜 초록색이 많을까?

A 초록색 지폐가 많은 까닭은 초록색 잉크가 가격도 싸고 종이에 선명하게 인쇄될 뿐만 아니라 눈을 편안하게 만들어 안정감을 주기 때문이야. 1994년까지 미국은 모든 지폐의 뒷면을 초록색으로 인쇄한 적이 있었어. 우리나라는 만 원짜리 지폐를 초록색으로 인쇄한단다.

Q 가짜 지폐를 어떻게 구별할까?

A 진짜 지폐에는 위조를 막는 여러 장치가 있어서 가짜 지폐를 쉽게 찾을 수 있어. 진짜 지폐에는 반짝거리는 홀로그램이나 은선이 있어. 지폐를 흔들면 뒷면에 있는 숫자의 색이 변하지. 또 햇빛에 비쳐 보면 숨어 있던 그림이나 선이 나타나.

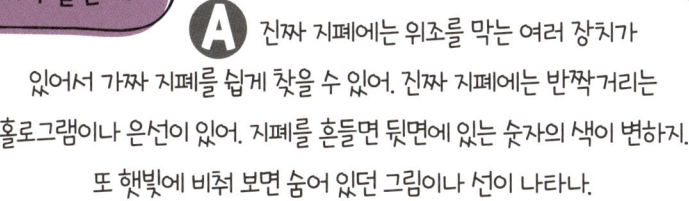

손바닥 교과 풀이

초등 3학년 1학기 사회

3. 교통과 통신 수단의 변화

● 교통수단·통신 수단의 발달과 생활 모습의 변화
- 비행기나 배 등을 이용해 먼 곳을 이동할 수 있게 됐다.
- 과학 기술 덕분에 휴대 전화, 인터넷 등 다양한 통신 수단을 이용하게 됐다.

교통수단의 발달로 무역이 활발해지면서 주식이 만들어졌어. 다양한 통신 수단이 발전하면서 가상 화폐 같은 새로운 화폐도 만들어졌지.

초등 4학년 2학기 사회

2. 필요한 것의 생산과 교환

● 경제 활동과 현명한 선택
- 경제 활동이란 사람들이 생활하는 데 필요한 여러 가지 것을 만들고 사용하는 것과 관련된 모든 것이다.

경제 활동을 하기 위해서는 화폐가 필요해. 화폐가 있어야 거래를 할 수 있기 때문이야.

초등 3학년 1학기 과학

2. 물질의 성질

● 물체와 물질

- 우리 주변에 있는 수많은 물체는 물질로 이루어졌는데, 물질은 물체를 이루는 재료이다.
- 물질에는 철, 금, 은, 돌, 나무, 고무, 밀가루, 종이 등이 있다.

 동전은 금, 은, 철 같은 금속으로 만든 물체이고, 지폐는 종이나 면섬유로 만든 물체야.

초등 4학년 1학기 과학

5. 혼합물의 분리

● 혼합물

- 혼합물은 두 가지 이상이 섞여 있는 물질이다.
- 혼합물을 분리하면 원하는 물질을 얻을 수 있다.

 금속 화폐인 호박금은 금과 은이 섞여 있는 혼합물이야. 리디아 왕국에서는 호박금을 분리하여 금화와 은화를 만들었어.

생각의 탄생_③ 화폐와 경제

1판 1쇄 발행 | 2023년 4월 17일
1판 3쇄 발행 | 2025년 9월 22일

펴낸이 | 김영곤
프로젝트3팀 팀장 | 이장건 **책임개발** | 김혜지 **외주편집** | 이정희
영업마케팅팀 | 정지은 한충희 남정한 장철용 강경남 황성진 김도연 이민재
디자인 | 여백커뮤니케이션 **제작** | 이영민 권경민

펴낸곳 | ㈜북이십일 아울북
출판등록 | 2000년 5월 6일 제406-2003-061호
주소 | (10881) 경기도 파주시 회동길 201 (문발동)
대표전화 | 031-955-2100 **팩스** | 031-955-2177
홈페이지 www.book21.com

┌─ 다양한 SNS 채널에서 ─┐
아울북과 을파소의 더 많은 이야기를 만나세요.

인스타그램 @owlbook21   페이스북 @owlbook21   네이버카페 owlbook21

ISBN | 978-89-509-1090-7
ISBN | 978-89-509-4065-2(세트)

ⓒ 장세현·차차, 2023
이 책을 무단 복사복제·전재하는 것은 저작권법에 저촉됩니다.

* 잘못 만들어진 책은 구입하신 서점에서 교환해 드립니다.
* 가격은 책 뒤표지에 있습니다.

⚠ 주의 1. 책 모서리가 날카로워 다칠 수 있으니 사람을 향해 던지거나 떨어뜨리지 마십시오.
        2. 보관 시 직사광선이나 습기 찬 곳을 피해 주십시오.

• 제조자명 : ㈜북이십일
• 주소 및 전화번호 : 경기도 파주시 회동길 201(문발동)/031-955-2100
• 제조연월 : 2025.09
• 제조국명 : 대한민국
• 사용연령 : 3세 이상 어린이 제품

• 일러두기 맞춤법과 띄어쓰기는 《표준국어대사전》을 기준으로 삼았고, 외국의 인명, 지명 등은
국립국어원의 '외래어 표기법'을 따랐습니다.

세상에 없던, 세상을 변화시킨 인류의 생각과
문명 탄생의 순간들을 찾아 떠나는 지식 여행!

생각의 탄생

- 한국어린이출판협의회 **어린이 필독 도서**
- 학교도서관저널 **추천 도서**
- 한국출판문화진흥재단 **올해의 청소년 교양 추천 도서**

① 감염병과 백신　② 시간과 시계　③ 화폐와 경제
④ 지도와 탐험　⑤ 문자와 생활　⑥ 진화와 유전
⑦ 인공 지능과 미래　⑧ 스포츠와 올림픽
⑨ 에너지와 환경　⑩ 통신과 스마트폰

대한민국 최고의 교수진들이 들려주는
단 한 번의 특별한 교양 수업

서울대 교수와 함께하는 10대를 위한 교양 수업

① 법의학 이야기　② 한국 고대사 이야기
③ 빅데이터 이야기　④ 해양 과학 이야기
⑤ 헌법 이야기　⑥ 로마사 이야기
⑦ 과학기술학 이야기　⑧ 고생물학　⑨ 수의학